LA PENA ALEGRE

Jorge Bustos

LA PENA ALEGRE

CRÓNICAS SEVILLANAS
DE SEMANA SANTA

Prólogo de Juan Bonilla

COLECCIÓN CRUZ DE GUÍA

POLÍGONO NAVE EXPO, 17 • 41907 VALENCINA DE LA CONCEPCIÓN (SEVILLA)
tel.: (+34) 955998232 • editorial@editorialrenacimiento.com
LIBRERÍA RENACIMIENTO S.L.

Diseño de cubierta: Equipo Renacimiento
sobre la obra *No se puede dar a Dios por sentado*, de Manuel León, 2014

DEPÓSITO LEGAL: SE 274-2025 • ISBN: 978-84-19877-44-4
Impreso en España • Printed in Spain

PRÓLOGO

Sevilla es un género literario, ya lo he dicho alguna vez. Ese género literario, encuadrado fundamentalmente, a pesar de sus lirismos, en la crónica, puede dividirse a su vez en tres —sin que eso quiera decir que un libro no pueda contener los tres vectores esenciales del género—: uno, los libros escritos con voz queda, íntima, hacia dentro; dos, los libros pomposos, adscritos a la exageración y con el tambor como instrumento más fino; tres, los libros externos, los que acogen la mirada de quienes pasan por Sevilla y, aunque se vayan, de alguna forma se quedan en lo que la ciudad les ha hecho escribir. Los peores son los del segundo grupo que tienen la dicha de hacer mucho ruido cuando salen y el castigo de ser olvidados inmediatamente a pesar de que alguno de ellos contiene admirables exageraciones: «Bendito sea Judas, que si no llega a ser por él nos quedamos sin Semana Santa», se lee en uno de ellos.

«Ciudad de niños prodigios y ancianos venerables», apuntaba Chaves Nogales en uno de los mejores libros de la primera categoría, el cronista se quejaba, o acaso celebraba irónicamente, la falta de ciudadanos maduros. Ese es uno de los secretos más evidentes de la ciudad: por eso, por ser sitio que se ubica entre la guardería y el asilo, su encanto melancólico y a la vez fiestero, su dichosa puerilidad junto a su sabiduría calentada por un lento sol de siglos, Sevilla se presta, tan solemne y callejera a la vez, al lirismo y la exaltación tanto como a la sátira y la broma. De manera memorable lo cuenta Jorge Bustos en estas crónicas ajustando el carácter de Sevilla, atrapándolo, con un sintagma que inevitablemente definirá su esencia para los restos: la pena alegre.

Bustos, periodista de la estirpe de Ruano y Umbral, es decir, tallista de la prosa, hacedor de imágenes resplandecientes, dedicó una serie de crónicas periodísticas a la fiesta mayor de la ciudad. Su libro pertenece a una saga en la que hay auténticas cotas de la literatura: *Dios en la ciudad*, de Romero Murube, *Teoría y Realidad de la Semana Santa*, de Núñez de Herrera, *Ocho días en Sevilla* de Francis Carco. Como este último, el de Bustos pertenece a la tercera de las categorías del género literario que es Sevilla: el de la mirada foránea. Y como Carco, también Bustos ve la dualidad sevillana –pues por ponernos heraclitianos, ser es ser y no ser al mismo tiempo sin que pueda faltar una de las caras de la moneda para que la moneda no sea falsa–: la potencia de un espectáculo (etimológicamente: aquello que merece ser contemplado atentamente) en el que las aguas torrenciales de lo profano agitan las calmas aguas de lo sagrado para producir a la vez fiesta y rito, deparando por lo demás una fotogenia que es, como diría el surrealista, uno de esos otros mundos que están en este.

Bustos sabe combinar con maestría los ingredientes a su alcance –tiene el mejor de los Virgilios abriéndole puertas para privilegiar su posición de espectador– y alía costumbrismo y mirada personal, periodismo y poesía, asombro y reflexión. Se deja empapar del misterio y la bulla de la Semana Santa. Esta, en Sevilla, en Jerez, en la Baja Andalucía toda, opera el acto mágico de volver a la vez niño y anciano –el primero, y yo fui de ellos hace ya tanto, porque se llena los ojos de imágenes que el tiempo no limará; el segundo porque se le vendrá a la pantalla de la mente todo lo vivido, renacer ficticio que por unas horas le quitará todos los años de encima para regresarlo a quien fue– a todo aquel que se propone vivirla como lo que es: una trascendencia de la madre de todas las fiestas, que es el carnaval –*Homo Ludens* de Huizinga no va a dejarnos por mentirosos–, en la que se alían lo místico y lo erótico, lo populoso y lo íntimo, el niño y el anciano que intuía Chaves —que, todo hay que decirlo—, también se dejaba llevar por la exageración en alguna línea de su precioso libro, como cuando afirma que «toda muerte en Sevilla es un asesinato». Logra así Jorge Bustos que su mirada foránea vaya del deslumbramiento, que es siempre superficial, al asombro, que es siempre íntimo, ambos componentes esenciales de la Semana Santa de Sevilla. Y al transformarlos en crónicas, depara un retrato memorable de lo que, con su poco de sevillanía, Azúa define como «un rito ancestral previo a la religión misma».

La pena alegre se ocupa de una Semana Santa histórica: la primera después de la pandemia. Aunque la lluvia tuerce las ganas del cronista retrasando su afán, finalmente un sol de justicia, nunca mejor dicho, alumbra sus garbeos, sus conversaciones prestando oídos, su olfateo de la impetuosa primavera que coloniza el aire y, sobre todo, su mirada atenta y ya muy experimentada para hacer cumplir el mandato nabokoviano de que todo está en los detalles. Alcanza así un glorioso párrafo que comienza «Porque la Semana Santa de Sevilla es del pueblo, por el pueblo y para el pueblo». Eso es. También Núñez de Herrera lo supo ver cuando unos costaleros comunistas le dijeron a unos comisarios que no querían que se sacara un paso y a un obispo que tampoco quería: qué tendrá que ver nuestro Cristo con ustedes.

Sabemos pocas cosas, eso sin duda, pero si algo sabemos es que nos iremos y seguirán sacando por las calles nuestros cristos y nuestras vírgenes, y habrá niños que sientan explotar dentro de sí el asombro y ancianos venerables que se volverán niños. Y ese misterio seguirá generando impresiones hacia dentro, exaltaciones excesivas y apuntes foráneos. Ojalá tengan el tono, la elocuencia, la potencia de estas que reúne Jorge Bustos.

JUAN BONILLA

LA PENA ALEGRE

A LA GLORIA, SEVILLANOS,
SE VA POR EL DOLOR

A la gloria, sevillanos, se va por el dolor. Esto es lo que lleváis siglos tratando de explicar al mundo y esto es lo que el mundo no quiere entender, razón de que tengáis que seguir explicándolo cada abril que el azahar revienta los capullos de los naranjos y una vibración de siglos recorre Sevilla, y la electriza, y vuelve a convertirla en la dorada capital del mundo.

La primavera ha tomado la ciudad despertando una suave ondulación de deseos contenidos, decidida a cobrarse el tiempo perdido en la pandemia. Este es el año de Sevilla: el año de la venganza. Dos años sin poder gritar una verdad profunda y complicada, esa que no podemos comprender si no hemos nacido aquí, nos advierten. Pero aunque vengamos de Madrid, estamos determinados a comprenderla. A la gloria, sevillanos, se va por el dolor. Son los muertos remotos de la peste barroca, son los muertos frescos de la maldita covid, son los vivos que están hartos de dejarle a la muerte la última palabra. Es la hora de la revancha, y la Sevilla solar del olor que preña las narices y la luz que atraviesa las mascarillas está preparada para enterrar tanta ceniza, no sin antes apurarla hasta el quejido. Ya habrá tiempo para el placer, ese mistérico placer andaluz que consiste en gozar sufriendo.

Estamos en la capital de Andalucía y es Domingo de Ramos. Manuel Chaves Nogales, sevillano poco dado a las expansiones del fervor, escribió que en Sevilla no se muere: te asesinan. Porque aquí no se puede envejecer. Porque la ciudad es siempre otra. Nosotros hemos venido a conocer la Sevilla de Chaves, de Noel, de Reyles, de Romero Murube, de Izquierdo, de Sawa, de Cernuda y de los Machado, pero no sabemos cuál encontraremos. Con la obligada humildad del madrileño al que le han cambiado el Manzanares por el Guadalquivir, uno quiere empaparse en el venero de este tiempo sevillano donde dicen que se aprende a distinguir el corazón del sentido, y la verdad de la coba, y el duende del malaje. Veremos si somos capaces.

No queremos caer en el panderetismo que Chaves denunciaba hace un siglo. No quiere uno ser un turista más. Los he visto atestando los alrededores de la catedral, afeando con sus chanclas el paisaje y agraciando con su visa las arcas del consistorio. Hay más turistas que sevillanos y se comprende, porque hay un sevillano que huye de la sevillanía quintaesenciada en la Semana Santa. No por autoodio sino porque no soporta que las despedidas de soltera le recuerden que ya no vive en el Siglo de Oro, junto a la Torre del Oro. Los cofrades nos aseguran que no se han movido del XVII y se lo agradecemos, pero no solo de saetas vive el presupuesto municipal.

Sevilla está hermosa. De los comercios se escapa el aroma narcótico del incienso, mezclándose con la cítrica caricia que nace en cada alcorque y la loción preconstitucional que emana de vejetes trajeados, conmovedores en la fidelidad a su rancio papel sobre las aceras inmortales del barrio de Santa Cruz. Una mendiga dormita sobre un banco de la plaza, aferrada a su raída manta de cuadros, esperando la resurrección de la carne o los pinceles redentores de Murillo. Recuerda, visitante: a la gloria se va por el dolor. En la calle, en el ruedo, en el tablao y en el paso: las más sublimes manifestaciones de lo andaluz insisten sabiamente en la trazo tragicómico de la vida humana.

Hemos ido a comer. Carlos Herrera, que será nuestro Virgilio en la divina comedia de estos santos días, se calza el mandil y despacha cuatro paellas como cuatro soles. Aurora y José nos han abierto su casa y a ella arriba un aluvión de jartibles; quiero decir, de andaluces, leoneses, asturianos o madrileños cosidos por el vínculo sagrado de la hermandad: la Candelaria en este caso. Las hermandades son algo muy serio, una institución civil previa al Estado y paralela a la misma Iglesia, identidades irreductibles al corsé banal de la ideología, fieras en la proclama de su altiva independencia. «Debajo del antifaz nadie sabe lo que hay», medita Herrera posando en la mesa su vaso de manzanilla. «La hermandades han nucleado nuestros barrios, se han ocupado de aquellos de los que nadie se ocupaba». La noción de hermandad cobra su mejor sentido etimológico cuando Aurora apostilla: «El antifaz nos homologa a todos».

En efecto, ¿quién sabe lo que vota el cofrade que acumula culpa todo el año para poner su contador moral a cero en una estación de penitencia? Nietzsche mismo recurrió a la psicología del chivo expiatorio para explicar la tragedia del hombre sobre la tierra. Antes de venir aquí, Félix de Azúa –que no es precisamente un meapilas– me advirtió: «Abre bien los ojos. Vas a conocer un rito ancestral, previo a la religión misma».

He venido a Sevilla a gozar, sí. Por eso mismo abriré los sentidos al dolor local, y universal, que está a punto de representarse en estas calles. Acompañadme.

CUANDO EL PASO
NOS ARRASTRA

—S EÑORES. Venga la gente buena paseando al Señor en todo lo alto. Repartiendo ilusión por Sevilla. Está la calle llena de niños. Vamos —ordena José María Rojas Marcos, capataz de la cofradía de la Borriquita, la que estrena la carrera oficial de las procesiones en la sagrada semana sevillana.

El momento, vivido de cerca, es impresionante. Y justifica los empellones de la policía y la vergüenza de colarse entre los ciriales para ver llorar a los cofrades que llevaban dos años esperando este aquí y este ahora. No nos consideramos gente sentimental, y sin embargo la orilla del paso despide una gravedad intimidante que nos anega. Hombres, mujeres y niños, más de mil niños bajo su capirote blanco distribuyendo orgullo y caramelos, aprendiendo el rito que legarán a sus hijos dentro de tres décadas, como sus padres hicieron con ellos.

Hemos empezado la jornada a las nueve, puntuales a la puerta de la iglesia de Jesús Despojado. Suenan las campanas sobre las aceras recién lavadas de Sevilla. Los reposteros adornan los balcones y los vencejos cosen el cielo a navajazos, quebrando a gritos el aire promisorio de abril. Vemos al cañero prendiendo con su lumbre la candelería del paso, con sus cirios, sus varales y su palio. Y yo me integro en la tribu de los candelarios para recorrer las hermandades que exhiben sus pasos engalanados, como recién esculpidos.

El ingreso en la olorosa penumbra de El Salvador me deja atónito. El barroco sevillano flota en toda su gloria entre pasos de tronío. Ahí reside, entre otras maravillas, el Jesús de la Pasión de Martínez Montañés, que es el Bernini de la imaginería sevillana. «Se te atribuye a Martínez Montañés: eso te dicen aquí cuando pareces envejecido», guasea Herrera. Y puntualiza: «En Sevilla no salen procesiones. En Sevilla salen cofradías». Va de punta en blanco, trajeado como todos sus hermanos. Parecen la escolta de un presidente en la cumbre de la OTAN, pero solo sirven a la Virgen de la Candelaria. No hay un día como el Domingo de Ramos para saber quién es guiri y quién sevillano en Sevilla: la lucha callejera de las camisetas contra la corbatas se vuelve casi violenta.

La magnificencia de los pasos se agolpa en la retina: el Calvario, el Amor, la Santa Cena, los Caballos, la Virgen de las Lágrimas, el Socorro, la Amargura, la Lanzada. Los sevillanos pintureros inventaron nombres complicados y los sevillanos populares decidieron simplificarlos. Por eso nadie dice Nuestro Padre Jesús del Soberano Poder en su Prendimiento sino los Panaderos, que fue el gremio que la fundó, y santas pascuas.

Avanza la mañana, las casas se vacían, la fe se derrama y la santa costumbre hace el resto para poner el centro histórico de bote en bote. Pero ninguna cola tan larga como la del Gran Poder, que según conceden todos mis candelarios es «el que manda en Sevilla». Si habéis visto la talla de Juan de Mesa no podréis negar su prodigio de dramática expresividad. Montar guardia a su lado bajo la cúpula del panteón que lo guarda procura escenas de una devoción naturalísima, casi embarazosa: verdaderamente los sevillanos no le dan trato de Dios sino de patriarca, de jefe de su clan o de consejero delegado de sus biografías. Yo sospecho que ni siquiera le piden favores por miedo a molestarle. Basta saber que es el que manda, y reconocérselo.

Antes de reponer fuerzas en Casa Ricardo hemos visitado la Bofetá –el *Will Smith*, lo llaman ahora– y la Soledad de San Lorenzo, que cierra el circuito de las cofradías con su primoroso paso de oro y nieve. Casa Ricardo es un bar cofrade, es decir, uno cuya televisión emite procesiones en bucle de enero a diciembre y en cuyas paredes no queda un centímetro libre de imágenes procesionales. Lo regenta Jesús, testigo de sucesos que solo pueden ocurrir aquí. Como aquella vez en que Pepe Peregil, cantaor de raza, se puso tan triste porque la lluvia había impedido la salida de las hermandades que salió achispado del bar, ya de noche, paró al camión de la basura y le cantó una saeta para curarse el mono.

—¡Y había que ver a ese conductor embragando, *palante* y *patrás*, mientras cantaba Pepe!

El humor sevillano tiene suficiente predicamento como para que vengamos a descubrirlo ahora. Un humor no pocas veces autocrítico, como el que los empuja a llamar «Cortylandia» a los pasos considerados de baja categoría. Pero quizá los mejores exégetas de Sevilla sean los de fuera, como César Díaz, cofrade enfermizo de Asturias, biblioteca abierta de la Semana Santa, que sostiene que el sevillano que no es cofrade vivirá en Sevilla, pero no es sevillano. Y cuando uno es arrastrado por la bulla de la Borriquita, como esos barcos a la deriva que cierran la novela de Fitzgerald, comprende que hay fuerzas muy superiores a las de la sola razón.

LAS GANAS DEL COFRADE
SON IMPERMEABLES

L A lluvia será una bendición para el campo, pero en Sevilla por Semana Santa la lluvia es una catástrofe. Aquí llaman a la NASA para confirmar los peores presagios, en la esperanza de que sus satélites se equivoquen. Pero los satélites, a diferencia de las palomas de Alberti, no se equivocan. Se produce entonces el desparrame, la *espantá* de las cofradías prudentes que no tienen derecho a desmejorar sus incalculables pasos por mucha gana de salir que les haya acumulado la pandemia. Las hermandades dudan, los horarios se descuadran, la cruz de guía se parte porque los costaleros se han refugiado en la catedral, las bandas tocan más fuerte convocando desesperadas el favor de alguna deidad de la sequía y los sevillanos que han pagado sus buenos euros por una sillita en La Campana —centro neurálgico de la carrera procesional— rompen a aplaudir de rabia y de pena por ellos mismos. Qué se le va a hacer, salvo meterse en una taberna a secar el capirote y mojar el hígado.

Llueve en Sevilla. Las niñas guapas pisan con cuidado los adoquines resbaladizos como faquires inexpertos sobre sus tacones imposibles. Y los volterianos del odio a los cristos y a las vírgenes, que los hay en Sevilla por la exclusiva razón de que ha de haber gente *pa tó*, se sienten resarcidos por este sacrilegio de la climatología. Reconozcamos una cosa: no está nada claro que la Semana Santa sevillana tenga que ver con la religión, y voy a ver si me explico.

No es lo mismo religión que religiosidad. No sé de dónde vendrán los clubes ingleses, pero la institución mediterránea de la hermandad es pagana, primitiva y previa a la Iglesia católica, al dogma, al magisterio y a la verticalidad de las jerarquías, enemigas seculares de la horizontalidad de las fratrías. Una hermandad es una expresión de camaradería que presta cauces hondos a la necesidad humana de pertenencia. Ofrece protección a cambio de compromiso. Por si esto está quedando algo mafioso, añadamos que la fratría sevillana celebra la majeza, encumbra la gracia, allana la relación entre sus miembros, prolonga el arraigo en la memoria de sus generaciones y da a la caridad un porcentaje tasado de sus cuotas. En la pandemia las hermandades se han arruinado en obras de misericordia, y por eso importa tanto la vuelta del turismo este año.

Que todo esto se articule a través del culto a una escena bíblica labrada por un imaginero hace trescientos años no debe confundirse con la observancia coherente de una vida cristiana. El sevillano usa la lógica de la superstición como un kantiano esgrime su imperativo categórico. Aunque me apunta Aurora, cofrade erudita de León: «Es muy cómodo eso de decir que se es más cofrade que católico». Es verdad que el ateo ve antropología donde el creyente reafirma la experiencia de la fe, pero da lo mismo: Sevilla es tan generosa con su misterio que permite a unos y otros disfrutar de él. Tan misterioso resulta Dios como el hombre.

Tiene Herrera un piso franco estratégicamente asomado a la *revirá* que ejecutan las cofradías al doblar una céntrica esquina.

—Mi tía Consuelo se estaba muriendo y fui a verla el hospital –rememora Carlos–. Va y me dice: «El piso es para ti».

—Pero tita, si es de alquiler...

—Ea, pues lo alquilas tú.

Desde entonces el piso franco de Herrera se ha convertido en observatorio privilegiado de cofradías, frecuentado por más gente de la que cabe. Apoyados en el balcón vemos a los cristos agonizar en nuestra cara, y no todos los lacrimales aguantan semejante enfrentamiento cuando la banda trianera de las Tres Caídas ataca una marcha solemne en la suave mitad de la noche. De pronto aparece por allí el presidente de la Junta de Andalucía. Juanma Moreno es un andaluz mestizo, es decir, un andaluz cabal. Es un malagueño que conoce la importancia de Sevilla y un conservador con sentido de la igualdad. Por eso seguramente ganará las elecciones que está a punto de convocar.

Por el piso se va despeñando la tarde triste de las procesiones canceladas. ¿Todas? No. Han sido dos años tan largos que una cofradía, el Beso de Judas, con sus figuras cubiertas por chubasqueros y su olivo de Getsemaní tremolando en lo alto, desafía la lluvia y calienta las palmas, las gargantas y los corazones, mientras los pies desnudos de los nazarenos se manchan y se limpian a cada paso en el gran lavatorio urbano, en el relicario al aire libre de Sevilla. En la ciudad paradójica, sensual y sacra, que espectaculariza con el mismo arte su pena como su alegría tenía que ser Judas el tío más aplaudido del lunes santo.

SEVILLA, CÁRCEL
BARROCA DEL TIEMPO

No llevo en Sevilla media semana y por culpa de la lluvia ya tengo nostalgia del aldabonazo que pega el capataz en la canastilla para provocar la *levantá* bajo la trabajadera, sobre los cuellos enrojecidos de los costaleros. Ese golpe seco no es otra cosa que el pulsador de las emociones de la Semana Santa. Y la lluvia, la maldita lluvia, lo ha cortocircuitado. Para comprender las lágrimas de los nazarenos que al madrileño le parecen exageradas hay que entender que ellos llevan trescientos sesenta y cuatro días trabajando para una única jornada de gratificación: la del día que sale, pongamos por caso, la Virgen de la Candelaria, que el cielo quiso dejar encerrada ayer. Así que el capirote agoniza inerte sobre la cama del nazareno frustrado, los ojos vacíos de su anual ilusión esperando mejor clima el año próximo.

El otro día hablábamos con la única pregonera que ha tenido Sevilla, la gran Charo Padilla. Su macarenismo es irreductible: no acepta el empate con nadie, ni siquiera con la Esperanza de Triana. Ojo que hay clasismo entre hermandades, un clasismo de siglos. Su marido, Manuel Marvizón, compositor de leyenda, inicia una conversación preelectoral sobre las posibilidades de Juan Espadas y de Juanma Moreno y de pronto se detiene, reflexiona, me mira y puntualiza:

—Hablamos de Espadas o Moreno, pero aquí lo que importa es saber quién es el capataz de la cofradía del Beso de Judas, no te vayas a equivocar.

Y efectivamente es así. El poder en Sevilla no es político: la miserable contingencia de la política en ningún sitio es tan evidente como en Sevilla. Esta ciudad, según Eugenio Noel, se adora a sí misma furiosamente para esconder el secreto de su identidad, que consiste en un pacto diabólico con el tiempo. Sevilla no se ha movido del Siglo de Oro, vive de una industria que no se puede deslocalizar: es el sevillanismo. Por flamenca, por torera y por cofrade, a Sevilla no se la permite moverse un centímetro de su lugar en el cosmos. Nada coyuntural —como unos banales comicios democráticos— puede reiniciar aquí el curso detenido de la historia, a no ser que algún temerario se atreva a equiparar una talla de Juan de Mesa con el *Curro* de la Expo 92.

—Esa cofradía está cogiendo mucha fuerza últimamente... —se le ocurre comentar a alguien en la tertulia cofrade.

—Sí: la lleva cogiendo los últimos cuatrocientos años —le replicará inevitablemente otro.

Los únicos sevillanos que negocian con el ciclo natural de la vida son los hermanos de cofradías como la Macarena, que al parecer han impuesto una jubilación forzosa a sus innumerables costaleros.

—Como ahora los hombres van al gimnasio y comen lechuga, son capaces de seguir llevando el paso cumplidos los cincuenta. Por eso ahora la hermandad de la Macarena ha tenido que fijar el tope en los cuarenta. De otro modo no habría relevo —explica Manuel.

Quedamos con Ignacio Camacho en la puerta de la cofradía del Silencio, con la que el maestro de *ABC* salió de nazareno hace un puñado de años. Aún recuerda el fervorín del hermano mayor aquella madrugada, esa arenga con que instruyen a los penitentes en el silencio, la quietud, el rigor y todas las demás virtudes abolidas por la penúltima reforma de la enseñanza. El Silencio abre la Madrugá del Jueves al Viernes Santo. Es la hermandad de los sevillanos linajudos y de todas las almas de espiritualidad contenida, más bien septentrional, que abrazan el recogimiento como vehículo fetén del misticismo. Al paso de su cruz de guía enmudece aterrada una ciudad que es jaranera por definición. Nada ni nadie provocará un tímido giro de cuello de sus nazarenos en las cuatro horas que dura su estación de penitencia. A Herrera, que salió con el Silencio cuando nacieron Rocío y Alberto, el hermano diputado le pegó en la mano por acariciar en un despiste el alveolo del cirio con el pulgar.

Me gustó el Silencio porque me gusta el lujo cuando se merece. El palio de plata de la Virgen de la Concepción es un eco del altar de San Ignacio en el Gesú de Roma, expresión del triunfo jesuita, gloria barroca de la Contrarreforma. La dorada canastilla del paso del Señor acoge un Cristo portando una impresionante cruz de carey. Sus costaleros no incurren en mecidas pintureras: caminan derechos y sin adornos. He aquí una hermandad seria que a nosotros, amigos del silencio, no nos importaría integrar.

La Candelaria no saldrá, pero a mediodía el cura dirige unas palabras a los hermanos. «Pidamos por la paz en Ucrania, por el fin definitivo de la pandemia. No nos cansemos de hacer el bien: este es nuestro lema». Como si fuera tan fácil, padre. Luego un padrenuestro, un avemaría y un gloria. Y salimos sedientos del grifo de La Fresquita, porque si a estas alturas no sabéis que al lado de toda hermandad ha de haber siempre una taberna es que no habéis entendido nada.

EL ARTE DE PLACEAR
AL TURISTA

Y al tercer día amaneció un sol de abril como Dios manda que mismamente parecía el primer miércoles de la creación. Cada sevillano habrá implorado a su modo el fin de la desesperanza que velaba el cielo, pero ya se sabe que los caminos de la luz son inescrutables. Finalmente el milagro del sol se obró en Sevilla.

—No nos equivoquemos: Andalucía es una Castilla a la que le ha dado más el sol –razona Herrera.

Si pensamos en Fernando III y en Alfonso X y en la misma boda de Carlos V, no podemos sino estar de acuerdo. Por el río de

Sevilla ganaban la mar océana las carabelas que labraron la hegemonía secular de la Corona de Castilla. En el siglo XVI el mundo tiene dos capitales: Sevilla y Florencia, que tanto se parecen. Todo aquel interesado en arte, negocios y política debía instalarse a la ribera del Arno o bien del Guadalquivir si quería desentrañar los oficios de la vida. Hay un barrio de Oltrarno como hay una Triana. Ambas urbes comparten una manera melliza de ofrecer sus encantos más evidentes al forastero sin revelarse nunca del todo a él. La infinita coquetería de sus rincones va reclamando la atención de los pintores de ayer y de los foteros de hoy, que ni sabrán resistirse ni dejarán de salir frustrados del retrato. Son ciudades meretrices y a la vez inaccesibles: se entregan a la cartera del primer turista y a la vez se protegen obsesivamente del contagio espiritual, celosas de su estirpe, indómitas en su carácter. En Sevilla, cuna picaresca, si hay dinero se gasta; pero si no, se inventa.

Te pierdes por el barrio de Santa Cruz, que oculta lo mejor que puede la munificencia de sus celosas mansiones y el alarde íntimo de sus patios tras los espesos muros del laberinto de la vieja judería. Las callejuelas te refrescan y las placitas te templan. Avanzas despacio, atento como el maestro, por la calle de Joaquín Romero Murube. Desembocas en la plaza de la Alianza, cerrada por la muralla y abierta al cielo por la esquina en que la Giralda exhibe de pronto su peina renacentista. Vas a parar a la plaza de doña Elvira, ese rectángulo de sosiego robado al paraíso, sus naranjos claustrales oyendo de pie la jaculatoria continua de la fuente. Y sin haberte repuesto te encuentras en la plaza de los Venerables, donde Zorrilla quiso situar la taberna de Don Juan y adonde hoy los turoperadores encaminan al guiri con tanta sed de tópicos como de cerveza. Y entonces decides ser uno más, renunciar al postureo, concederte el placer culpable de olvidar la taberna chic y fundirte con la turistada en la terracita.

Pides una mesa, pero cojea malamente sobre los guijarros. El camarero adivina mi escepticismo y se apresura:

—Con tal de que no se vaya soy capaz de tumbarme yo ahí debajo.

Y te quedas, claro. Y el tipo logra nivelar la mesa. Y entre sorbo y sorbo de Cruzcampo, que no es tan mala como repica tanto esaborío, estudias bien al cuerpo de élite mejor adiestrado de Europa: el camarero sevillano. Míralo desplegar su arte endémico, su agilidad mental, su derroche físico. Al tiempo que comunica la comanda y porta la bandeja llena va canturreando para entretener a una familia muy rubia que hace cola: no consentirá que se marchen a otro restaurante. Va sudando, pero le sobra fuerza para idear tres zalamerías en algún idioma universal cada vez que pasa al lado de los que aguardan, evitando que se impacienten de más. Hasta que se inventa una mesa. *Vámono* que *noh vamo.* Y un guiño allí y un requiebro allá, y un oportuno trío de cante surge de una esquina y entusiasma a un inglés congestionado y panderetero, y cada quien recibe el cliché que viene buscando, y en la terraza de la plaza de los Venerables cada mesa vacía tarda exactamente cuarenta y cinco segundos en ser ocupada. Y eso no es mérito de la comida, ya os lo digo yo, sin ser mala: eso es la profesionalización agotadora de la simpatía. Eso es trabajar, señores. Trabajar como un nacionalista catalán jamás ha trabajado en su vida.

Bien comido y mejor servido bajas por Mateos Gago con la satisfacción pintada en la cara. A un lado la basílica de Santa Cruz, al otro la Casa de Salinas. La guía nos explica que la familia propietaria sigue habitando la casa. Doña María Asunción Milá –de los Milá de Barcelona de toda la vida– tiene ciento dos años, doce hijos varones y la capacidad intacta para bajar y subir unas escaleras puestas antes de que se inventara no ya el ascensor sino el hilo negro. Azulejería trianera, frisos renacentistas, artesonado mudéjar, encalados de almagre, suelo original de piedra tarifeña y un primoroso patio árabe de columnas de mármol con arcos de yesería que la familia enseña por puro gusto de cobrar la secular envidia de la gente, digo yo.

FE DE PALACIO,
ESPERANZA DE BARRIO

SEVILLA sucede entre madrugadas. En la del miércoles al jueves topé con la Virgen del Buen Fin, y como esa noche nacía en Madrid sin mayores contratiempos mi sobrina Fátima, pensé que tan optimista advocación no podía ser más oportuna. Hay hermandades de rigor y otras menos sobrehumanas en las cuales el rito nunca termina de distinguirse de la fiesta. Tres aldabonazos, la *levantá* y adelante sin mucha ceremonia, el paso contoneándose como una mujer que ríe mientras llora, los músicos atacando la marcha con sus linternas liliputienses apuntando a la partitura.

Se agradece, antes del negro desgarro de la Madrugá, coger fuerzas con la ayuda de alguna cofradía de modesta ambición y excusable desenfado. Porque pronto desfilarán otras tan serias que convertirán la risa extemporánea de una nazarena adolescente en un sacrilegio imperdonable.

En la mañana del Jueves Santo quedamos con Herrera en Triana. Hay que saludar a la reina del barrio, y no solo de ese barrio. Triana justifica su reputación en una mañana esplendente donde todo lo sevillano acentúa su sevillanismo. Es el carácter trianero, racial y exagerado, que sube más flores que nadie a la canastilla de la Esperanza, que reúne más plata que nadie para enjoyar a su Señora. Que no es una adolescente, como otras tallas de los maestros imagineros: que es una morena hecha y derecha de Triana.

Un mediodía largamente esperado dora las sonrisas de los señores en traje y de sus señoras en mantilla, la peina bien alta y el tacón sojuzgando los adoquines como si fueran de goma bajo los balcones más historiados de Sevilla. La Giralda atraviesa el pecho hueco de la estatua de Belmonte al otro lado del puente, y un gitano canta en San Jacinto para no restar ápice de tipismo a la esperanza de la Esperanza que la pandemia ha pospuesto demasiado.

Cuentan que el hermano mayor de la cofradía, en los inciertos primeros días de aquella primavera letal, cruzaba la calle Pureza de madrugada para amparar a solas su plegaria en el regazo blanco de la Virgen. Qué gusto de confinamiento, pensarán hoy los devotos que guardan cola pacientemente para poder ver a la que saldrá en la madrugada de todas las madrugadas.

Dice Herrera que los trianeros tienen que imprimir su carácter hasta en la forma de conducir el paso. Os lo contaré mañana cuando lo haya visto, pues siendo solo un periodista me propongo hacer guardia mejor que los apóstoles con tal de no recibir el reproche de Jesús en Getsemaní: «¿Ni siquiera habéis podido velar una hora conmigo?».

Mirad y ved ese puñal de orfebrería que se clava en el pecho de la Virgen. Dolor y gloria, metáfora acabada de una fiesta cristiana y pagana, sacrificial y hedonista. En el puñal que lleva metido la Esperanza se cifra el sentido profundo de la Semana Santa sevillana, que actualiza la advertencia de Gide: nada es tan profundo como la propia piel. De esa íntima quemazón nace el flamenco, de la arrimada al pitón surgen los buenos toreros y de las lágrimas calientes de la madre ante su hijo muerto brota la fe barroca de Andalucía. O entendéis esta paradoja que cose el tacto al espíritu o no entendéis la lección que quiere daros abril cuando se pone sevillano.

Cruzamos de Triana a la puerta de Jerez por el puente de San Telmo y descubrimos la recoleta placita de Santa Marta, con su dosel de naranjos y su silencio milagroso a un paso de monja de la catedral. Respiramos el aire de la calle Aire y vamos a dar en el sabroso barrio de la Alfalfa por la calle Mármoles, donde se yerguen tres columnas de Adriano: el mejor político de la historia de Sevilla. Por la calle Feria ingresamos en territorio macareno, y ahí no se nos ocurrirá decir de dónde venimos. Hemos quedado con el escritor Jacobo Bergareche, que tiene el raro don entre escritores de sumar la generosidad al talento y que nos abrirá las puertas nada menos que de la Casa de Pilatos. «Es la mejor casa de España», avisa.

Y efectivamente: es la mejor casa de España. Quizá de Europa. Yo no puedo describir ese lugar como no sea imaginando a los Médici tomando apuntes de la Alhambra, algo así. Sus patios mudéjares, sus logias renacentistas, sus muros abrigados por un sofisticado fular de buganvilla te gritan tu insignificancia a cada paso.

Nos acompañan dos artistas de genio –Palomo Spain, sastre de estrellas, y el pintor Manuel León, favorito de Sergio Ramos– y un nadador olímpico, Shaun Jordan, que ganó el oro en Seúl y en Barcelona. Marea un poco contar quién es el dueño de una casa que remonta su linaje a los Trastámara. Al ducado de Segorbe le concedió la grandeza de España Carlos V; la mujer del duque, la princesa Gloria de Brasil, me guía por las estancias despampanantes de su palacio con esa naturalidad inimitable de los aristócratas auténticos. Esos que, definitivamente, no tienen ninguna necesidad de demostrarle nada a un reportero del xxi.

HAN DICHO DE TI, SEVILLA

D E ti, Sevilla, han dicho de todo los peregrinos del asombro. Han dicho que tus días sagrados empiezan por un funeral y acaban en una orgía. Que duermes siestas de cincuenta semanas a la vera de un río mosquitero y despacioso. Que por unos días sacrificas tu alma reidora, te traicionas, te entregas a una metafísica del pecado que no puedes entender porque nunca has creído en la superioridad del pensar sobre el vivir. Tú que llamas calvario al festín de los claveles como cuajarones de sangre que alfombran las canastillas de los pasos donde se desangra un crucificado. Tú que incluso en la pena pones gracia y que cuajarías de flores el monte de las calaveras.

Han dicho de ti que eres incapaz de tomarte el drama en serio. El drama que tú misma has inventado, en cuya representación involucras por primavera a toda tu varia gente, del niño que abandona la niñez al hombre que perdió su hombría, del viejo que empezó a temer la muerte a la novia que paladea un desengaño. No es la abstracción del dogma la que movió las gubias sabias de los imagineros andaluces, que se rebelaron contra la palidez serena del canon griego. ¿Quién es ese Platón? ¿Quién persigue ideas puras cuando arrecian los calores del sentimiento? Nada, nada, sevillanos: ahí tenéis las tallas fieles de vuestra carne cuando goza, de vuestra alma cuando sufre. No será en Sevilla donde se respete la aridez del teólogo ni la restricción del silogismo: aquí las cosas pueden ser una cosa y la contraria. Lo vemos todos los días, y más en Semana Santa.

Cae el sudario de la noche sobre Sevilla, que se dispone a morir una Madrugá más. La plaza de la Campana es una olla de piedad cernida sobre el asfalto. La muerte ronda cerca y los sevillanos visten sus mejores galas para recibirla. Carlos Herrera, micro en mano, va a poner voz a lo que sus ojos han visto tantas veces y nunca se cansan de ver. Explica, por ejemplo, qué es una *chicotá*: «la distancia que recorre un paso desde que se levanta hasta que se arría». Esperamos en silencio al Silencio, y sabemos que ha hecho su entrada porque la plaza termina de enmudecer. Suena el martillo y se alza un padrenuestro; suena tres veces más y arranca la *chicotá* demudando al gentío. De pronto un costalero parece que tropieza, pero el paso apenas se ha movido. Una saeta cruza el aire desde un balcón de la calle Sierpes y se clava en la misma cruz de carey que porta el Señor. El paso vira y sale de escena, sobrecogiendo los ánimos. No hay tiempo para relajarse porque se presiente ya la cruz de guía del Gran Poder.

Cuatro hachones alumbran la talla majestuosa de Juan de Mesa. Los vencejos han huido. Una saeta se eterniza en el desgarro de un balcón incontinente y al paso del Jesús del Gran Poder se callan hasta los locutores. Toda el mundo se santigua, creyente o no, por si acaso. Este respeto no lo quiebra ni la devoción. Al tercer martillazo se alza el paso, afronta la *revirá* por Sierpes y un humano murmullo retorna a la Campana. Verdaderamente el poder de esa talla no es calculable. Es la materialidad de un impulso colectivo. Es una energía no sujeta a duda porque hace siglos que nace del corazón de Sevilla e insiste en dirigirse al mismo sitio, sin crearse y sin destruirse: solamente transformándose en ella misma de nuevo.

A las tres de la madrugada sale de Triana la Esperanza, y no volverá hasta las tres de la tarde. Avanzará entre petaladas sucesivas, derrochando un orgullo retador, consciente de que la Macarena se aproxima al corazón de la ciudad. La precede el Señor de la Sentencia que bascula al ritmo del tambor, se mece al son de la banda, compuesta por romanos tocados con penachos blancos. Del suelo brota una saeta. Los cuatro mil nazarenos de la Macarena se agolpan a continuación: son un tumulto de capirotes de terciopelo verde. Es hora de mezclarse con ellos.

El relente corre por la plaza inquieta. La cera se coagula en cada adoquín. Herrera avista los seis ciriales anunciadores y un rumor ahogado saluda a la candelería que incendia la noche: es la Macarena. Viene de frente y nadie puede mirar hacia otro lado. Los pétalos caen de los tejados. La técnica de avance es perfecta. Llega de súbito y se detiene a nuestra vera. Un avemaría en la cara misma de la reina de Sevilla.

—Ignacio, esta *levantá* la quiero por la Esperanza de Triana –exclama el capataz, negándose a alimentar rivalidades mal entendidas.

Oímos expresiones de aprobación a través de los respiraderos. Suena la señal y la Macarena sube al cielo para caer con violencia sobre los cuellos penitenciales de los costaleros. Todo el paso tiembla, toda la ciudad aplaude.

La Madrugá no ha llegado aún a su ecuador y el cronista se palpa las costillas. Él quisiera ser preciso, narrar sin clichés lo que ha pasado, cuantificar sin excesos lo que ha sentido. Apenas ha empezado a decir de ti, Sevilla, todo lo que debería decir.

UN PACTO DE VIDA
CON LA MUERTE

DECÍAMOS ayer que hay una pena honda y una pena galana sin necesidad de salir de Andalucía. La pena del cante flamenco es irredimible y fatal, gime desde las cuevas del Albaicín y corre por los brazos exhaustos de los jornaleros. La pena en Sevilla es solamente pascual y aun así presumida: no dejará de considerar la alegría de la Resurrección ni en la misma Madrugá. Recorred el bullicio del Arenal, el barrio que maravillaba a Lope de Vega, y sabréis lo que es un pacto de vida con la misma muerte aunque sea Viernes Santo.

No hace falta acudir a razones bizantinas: que si la sangre mora, que si la mente cristiana, que si el corazón gitano. ¿Es Sevilla la quintaesencia española o es la excepción exótica, preafricana, de los viajeros románticos? Lo cierto es que todos los mitos por los que España es universalmente conocida se anudan aquí: Cervantes, Don Juan, la picaresca, la tauromaquia, el flamenco y la Contrarreforma, con su ética inquisitorial y su estética barroca. Meted en la coctelera sentimental de esta ciudad casada indisolublemente consigo misma una raíz de tradición, un puñado de fe, una *jartá* de memoria, un nudo de amistad y una pinceladita de superstición. No os paréis analizar demasiado las proporciones: te sale la Semana Santa. Es la idea sublime que ha tenido este pueblo para poder torturarse sin dejar de gozar.

Porque la Semana Santa de Sevilla es del pueblo, por el pueblo y para el pueblo. Quizá al cofrade del Silencio le importe mucho la Inmaculada Concepción, pero el pueblo no se conmueve con un dogma sino con las mejillas hinchadas de la madre dolorosa. Quizá el arzobispo recalque en su homilía el mecanismo expiatorio de la redención, por el cual el Hijo de Dios pagó en la cruz por nuestros pecados, pero al pueblo le remueve la injusticia por la cual el hijo del carpintero, que era un hombre de ley, cae víctima del poder político y militar. Quizá el jartible de hermandad sepa explicar por qué cada paso es como es y qué cristo va con qué virgen, pero el pueblo quiere adorarlos por separado, primero un paso y luego el otro, porque se reserva una emoción concreta para Jesús y otra distinta para María.

«Nunca un hombre más nacido para el placer fue al dolor más derecho», reza el epitafio que Manuel Machado dedicó a Alejandro Sawa, rey de los bohemios, que nació en la calle de mi hotel. Esa frase es el tributo esencial de un sevillano apolíneo a otro dionisiaco. Y como todos los temperamentos son aceptables y los viernes van mezclados con los domingos, atravieso el puente de Triana para pasar la noche más triste en un tablao bien alegre, adelantando por el camino a la cruz de guía del Cachorro. Ya conocéis la leyenda de este cristo carismático. Ruiz Gijón lo talló en 1682. Andaba buscando inspiración cuando una noche topó con un gitano, apodado Cachorro, que agonizaba tras una reyerta: lo había apuñalado el marido de una mujer a la que el gitano veía. Lo que no sabía el marido es que el muerto era su cuñado. El pobre gitano era tan inocente como el hijo de María.

Lola de los Reyes es un local trianero en la misma calle Pureza. Es moderno pero acogedor. Hemos reservado mesa a medianoche. Pasan unos minutos de la hora señalada cuando Juan se sienta en su silla y empieza a rasguear su reluciente guitarra. Tras él aparecen Eva y Toni, que enseguida va a asegurarse de que no olvidemos en qué consiste la gracia sevillana subida de tono gay. Nos conmina a quitarnos el luto, madrugando el gozo que la liturgia reserva para la noche siguiente.

—Dani, ponme un chupito que Cristo ha resucitado —avisa para justificarse. Y comienza el espectáculo.

Es un trío sencillo, una guitarra y dos voces que se van alternando. Eva pone la hondura, Toni dicta la amenidad. Chaleco de terciopelo negro él, corpiño del mismo color ella. El programa comienza por el debido recuerdo al Cachorro, que en esos momentos está entrando en Triana: «Como yo no sé rezar, / yo me *jinco* de rodillas / y lo acompaño al portal / de su calle de Castilla». Eva canta a la Macarena. Se acaricia las manos cada dos palmas en gesto de finura, mientras Juan achina los ojos para atrapar una nota más sutil entre los cordajes de su guitarra. El repertorio coplero irá de lo sagrado a lo profano, sin hacer ascos a Raphael y Siempre Así. Entre tema y tema, Toni lanza piropos a un joven musculoso que se apoya en la columna.

—Es vasco –nos informa el cantaor–. A ver si me pone una bomba…

Un arrebato vocal, un chasquear de dedos, un zapateado sobre el suelo de plancha. Parón para el cigarrito. Se apodera del local un ambiente de familia, caldeado por la complicidad.

La noche se desliza suavemente entre risas y aplausos. No es el duende del cante jondo, pero es la gracia de Triana que no se puede imitar, que saca ganas de vida del fondo de la pasión.

A QUÉ LLAMAMOS SEVILLANÍA

Uno se marcha de Sevilla sabiendo que es un error, pero qué remedio. Hasta el Guadalquivir se va de Sevilla de mala gana, sin prisa ninguna por llegar al mar, remansándose al paso de la Torre del Oro para mirarla despacio por última vez. Se marcha uno consciente de que apenas ha arañado la superficie de esta ciudad de paradojas, ligera y densa. Hemos visto solo una Sevilla entre las muchas posibles, y sabemos que esa misma Sevilla será distinta si volvemos a buscarla la próxima Semana Santa. Pero algo quizá hayamos aprendido.

Hemos aprendido que Sevilla no es un espacio sino un tiempo. Hay urbes imperiales que se han museificado al aire libre para salvar su ayer, y en ese proceso perdieron el presente: sus calles no bullen de tipos humanos sino de guías turísticos. Sevilla asombró al mundo y sigue hoy ensimismada en su gloria añeja, pero esa apretada sedimentación de historia y de leyenda no ha aplastado su futuro ni secado la vida ni vaciado el centro. Los sevillanos mantienen su carácter glosado hasta el tópico no para comerciar con él ante el turista, que también, sino porque son como son y no consienten dejar de serlo.

¿Cómo son los sevillanos? Buena pregunta. Son los del cliché y son los que se ríen del cliché. Son hospitalarios con el cronista hasta el aturdimiento, y sin embargo no se privarán de recordarle la desgracia de no haber nacido en Sevilla. A uno lo han parado no pocos desconocidos por la calle para alabarle el folio… segundos antes de señalar la inevitable imprecisión en el cuarto párrafo o cierta falta de entusiasmo en el segundo. Y uno, sabedor de que el buen sevillano encontrará demasiado sintética la enciclopedia del toreo de Cossío, se va agradecido a los lectores nuevos que ha hecho en Sevilla, porque son lectores cualificados.

Al sevillano le gusta disfrazarse de sevillano: profesionalizarse en lo suyo. De modo que milita en una visión de sí mismo que han escrito a pachas los propios y los extraños, la tradición contrastada y el ilusionismo romántico. ¿Qué es la sevillanía? Según Reyles es un ostentoso dominio de uno mismo. Un empoderamiento a través de la casta, del cuajo. No es la chulería madrileña, más seca, menos artística. Es una exageración muy medida, una disposición teatral que pisa con idéntico garbo los terrenos de la hipérbole como los del eufemismo, los de la sorna y los del respeto.

Y esa ciencia social que allana todas las clases y que en el sevillano es infusa le permite desenvolverse con seguridad entre señoritos lo mismo que entre plebeyos, más allá de que a veces resulten indistinguibles. La excepción a este talento la representa la figura del antofagasta, término acuñado por Lorca y desarrollado por Cañabate para definir al jartible de tertulia, al pelmazo que no sabe que lo es, al tipo que se toma siempre catastróficamente en serio. El antofagasta es tan detestado por el sevillano como el gafe. Pero no hay que confundir al antofagasta con el malaje, hermandad indeseable de malasombras que se contrapone al *aje*: el aura cordial de la buena gente. La etimología lo aclara todo, porque *aje* viene de ángel y malaje de mal ángel.

Tras dos abriles de cierre por pandemia, la ciudad ha colmado a morro su sed ancestral de drama y gloria. Me marcho jurando no olvidar que la vida es más importante que la política, que la vocación periodística a veces renace lejos de la actualidad y que las redes sociales no existen: existe el jaleo tabernero de los cofrades que ya concluyeron su estación de penitencia. Sevilla te recuerda que bajo el peso del paso de la vida todos somos iguales, que si uno carga menos habrá otro cargando más y que la utilidad de la ideología mengua mucho cuando tocamos a sesenta kilos de cristo bendito por cerviz en las próximas doce horas. Ahí no te miran el carné. Ahí debajo solo cuentas con los ojos de tu capataz y los hombros de tus hermanos. Por eso la ceguera del costalero simboliza como nada la eficacia de la fe.

De Sevilla hemos aprendido que el gracejo no se aprende, que los estudios no prestan tanta maestría para calificar —no digamos para descalificar— y que el fraseo exuberante, plateresco, puede y debe convivir con la absoluta economía verbal. ¿O no lo dicen todo cuando dicen «*noniná*»?

El sevillano sabe que el sarcasmo más fino no se suelta para provocar una pelea sino justamente para evitarla, y que es posible insultar con una sonrisa. Que el cómo importa más que el qué y que los vecinos se abrazan por la calle porque el anonimato no es civilizado. Que puede haber esperanza en la desdicha, que hay trombas de luz que caen tras las de agua y la misma calle huele a incienso y a meado. Que nadie vive saltando de fiesta en fiesta sin caer por error en la oficina, pero lo parece, y eso es un arte. Que hasta el jartible se acaba hartando. Que un mendigo no renuncia a su *ABC*. Y que aunque el Real Madrid baje al Pizjuán, a esa hora me pillará en la Maestranza.

ÍNDICE

*La pena alegre. Crónicas sevillanas
de Semana Santa* de JORGE BUSTOS
salió de la imprenta el
17 de febrero de
2025